Impressum
Verlag: BABADADA GmbH, Nedderfeld 112 , 22529 Hamburg
Geschäftsführer / Verlagsleitung: Harald Hof
Druck: Books on Demand GmbH, In de Tarpen 42, 22848 Norderstedt

Imprint
Publisher: BABADADA GmbH, Nedderfeld 112 , 22529 Hamburg, Germany
Managing Director / Publishing direction: Harald Hof
Print: Books on Demand GmbH, In de Tarpen 42, 22848 Norderstedt, Germany

škola

la escuela

učiona
el aula

deliti
dividir

186/2

ploča
la pizarra

školsko dvorište
el patio

nastavnik
el maestro/a

papir
el papel

pisati
escribir

hemíjska olovka
el bolígrafo

pisaći stol
el escritoria

lenjir
la regla

knjiga
el libro

učenik
el alumno/a

torba

la cartera

pernica

la caja de lápices

grafitna olovka

el lápiz

šiljilo za olovke

el sacapuntas

gumica za brisanje

la goma de borrar

blok za crtanje

el cuaderno de dibujo

crtež
el dibujo

kist
el pincel

kutija sa bojama
la caja de pinturas

makaze
las tijeras

lepilo
el pegamento

beležnica
el cuaderno de ejercicios

domaći zadatak
los deberes

broj
el número

sabirati
sumar

oduzimati
restar

množiti
multiplicar

računati
calcular

slovo
la letra

abeceda
el alfabeto

reč
la palabra

tekst
el texto

čitati
leer

kreda
la tiza

čas
la lección

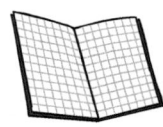

dnevnik
el cuaderno de notas

ispit
el examen

svedočanstvo
el certificado

školska uniforma
el uniforme

obrazovanje
la educación

leksikon
la enciclopedia

univerzitet
la universidad

mikroskop
el microscopio

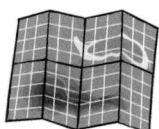

karta
el mapa

košara za papir
la papelera

putovanje
el viaje

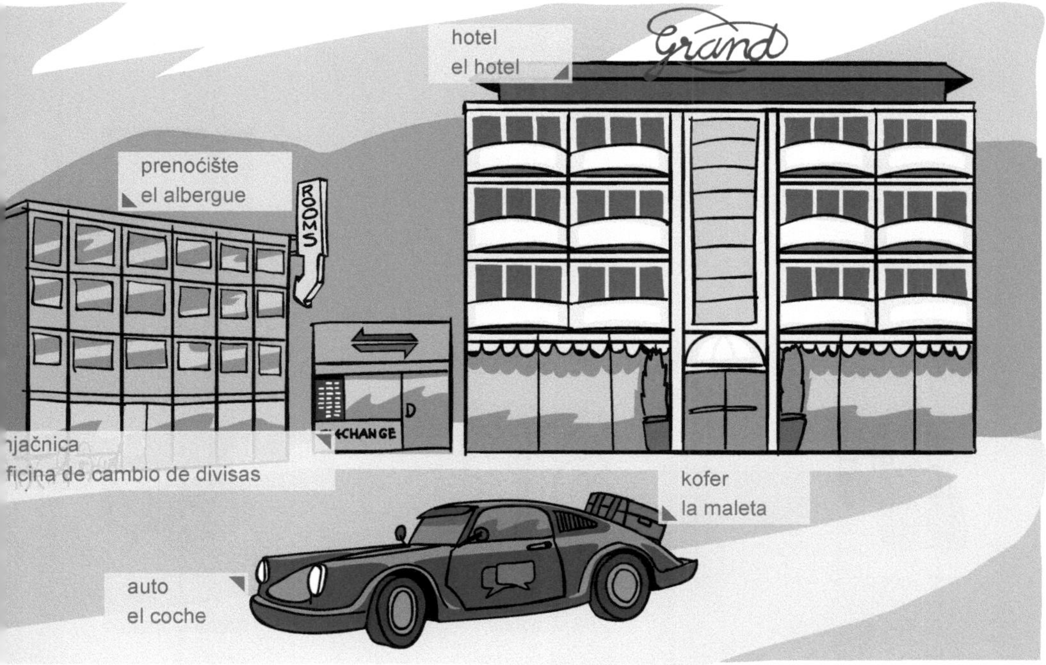
hotel
el hotel
Grand
prenoćište
el albergue
ROOMS
ıjačnica
ficina de cambio de divisas
EXCHANGE
kofer
la maleta
auto
el coche

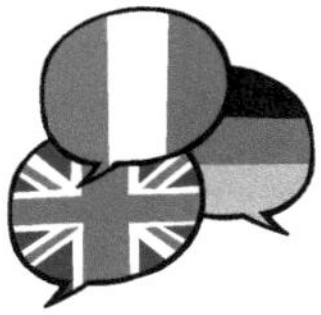

jezik

el idioma

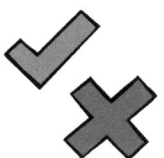

da / ne

sí / no

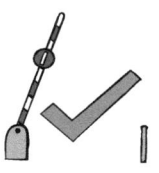

okej

Vale

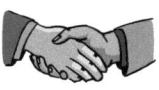

zdravo

hola

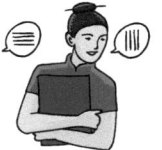

prevodilac

el traductor

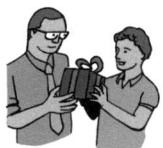

hvala

Gracias

Koliko košta...?

¿cuánto es...?

ne razumem

No entiendo

problem

el problema

dobro veče!

¡Buenas tardes!

Dobro jutro!

¡Buenos días!

Laku noć!

¡Buenas noches!

doviđenja

adiós

smer

la dirección

prtljaga

el equipaje

torba

la bolsa

ruksak

la mochila

gost

el invitado

soba

la habitación

vreća za spavanje

el saco de dormir

šator

la tienda de campaña

turističke informacije
la información turística

plaža
la playa

kreditna kartica
la tarjeta de crédito

doručak
el desayuno

ručak
el almuerzo

večera
la cena

karta za vožnju
el billete

lift
el ascensor

poštanska markica
el sello

granica
la frontera

carina
la aduana

ambasada
la embajada

viza
la visa

pasoš
el pasaporte

transport
el transporte

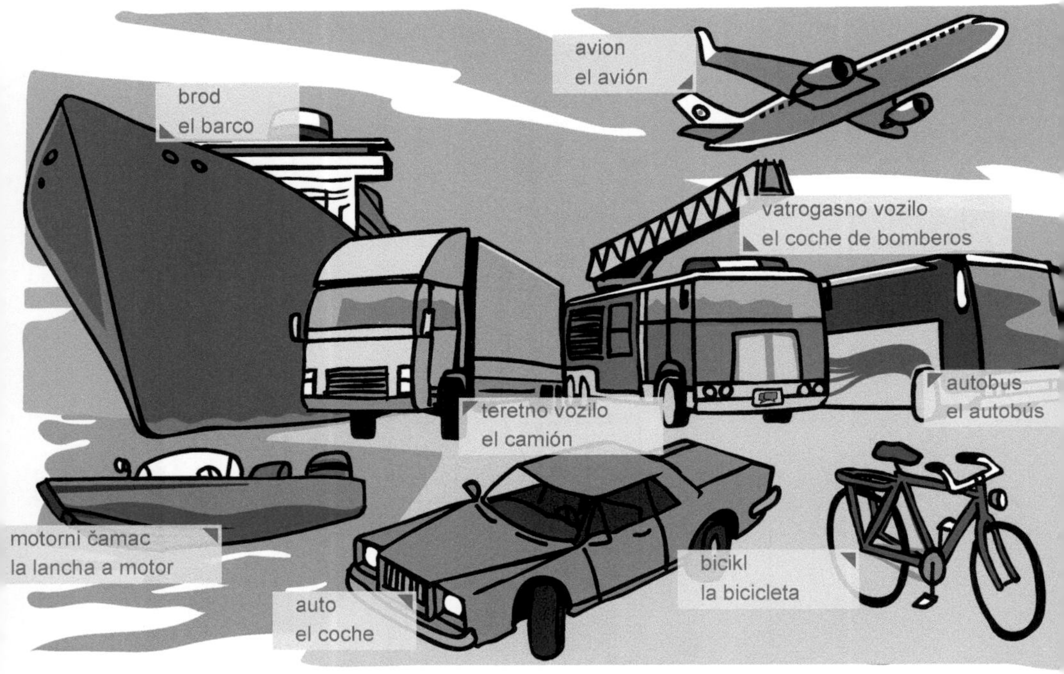
avion
el avión
brod
el barco
vatrogasno vozilo
el coche de bomberos
autobus
el autobús
teretno vozilo
el camión
motorni čamac
la lancha a motor
bicikl
la bicicleta
auto
el coche

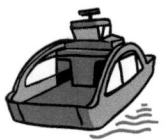

trajekt

el transbordador

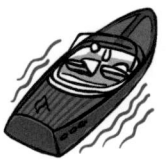

čamac

la barca

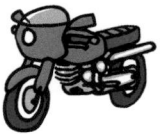

motocikl

la moto

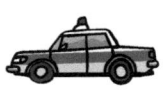

policijski auto

el coche de policía

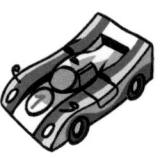

trkaći auto

el coche de carreras

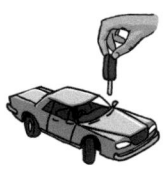

iznajmljeno auto

el coche de alquiler

delenje automobila

el préstamo de vehículos

vučno vozilo

la grúa

vozilo za odvoz smeća

el camión de la basura

motor

el motor

benzin

la gasolina

benzinska stanica

la gasolinera

saobraćajni znak

la señal de tráfico

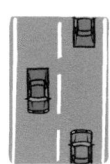

saobraćaj

el tráfico

zastoj

el atasco

parkiralište

el aparcamiento

železnička stanica

la estación de tren

šine

las vías

voz

el tren

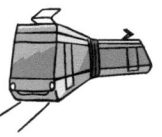

tramvaj

el tranvía

vagon

el vagón

helikopter

el helicóptero

aerodrom

el aeropuerto

kula

la torre

putnik

el pasajero

kontejner

el contenedor

karton

la caja de cartón

kolica

la carretilla

korpa

la cesta

uzleteti / sleteti

despegar / aterrizar

grad

la ciudad

selo

el pueblo

centar grada

el centro de la ciudad

kuća

la casa

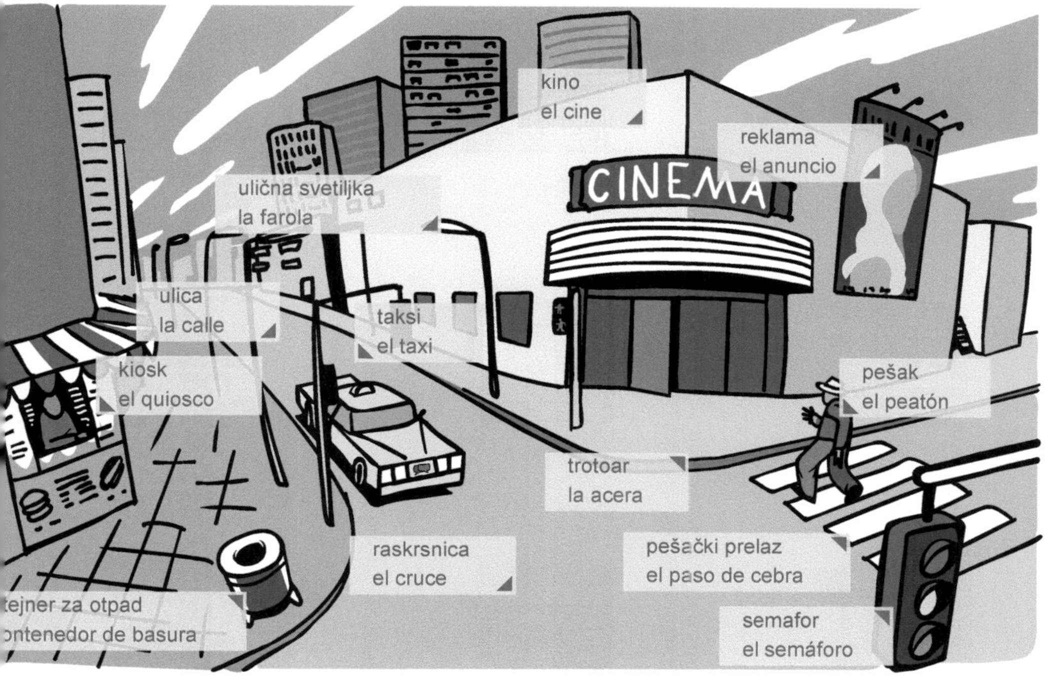

kino
el cine

reklama
el anuncio

ulična svetiljka
la farola

CINEMA

ulica
la calle

taksi
el taxi

kiosk
el quiosco

pešak
el peatón

trotoar
la acera

raskrsnica
el cruce

pešački prelaz
el paso de cebra

semafor
el semáforo

kontejner za otpad
el contenedor de basura

koliba
....
la cabaña

stan
....
el apartamento

železnička stanica
....
la estación de tren

većnica
....
el ayuntamiento

muzej
....
el museo

škola
....
la escuela

univerzitet
la universidad

banka
el banco

bolnica
el hospital

hotel
el hotel

apoteka
la farmacia

kancelarija
la oficina

knjižara
la librería

prodavnica
la tienda de campaña

cvećara
la floristería

supermarket
el supermercado

trg
el mercado

robna kuća
los grandes almacenes

ribarnica
la pescadería

trgovački centar
el centro comercial

luka
el puerto

park
el parque

klupa
el banco

most
el puente

stepenice
las escaleras

podzemna železnica
el metro

tunel
el túnel

autobuska stanica
la parada de autobús

bar
el bar

restoran
el restaurante

poštansko sanduče
el buzón

ulični znak
el poste indicador

parkirni automat
el parquímetro

zoološki vrt
el zoo

bazen
la piscina

džamija
la mezquita

seosko gazdinstvo
la granja

zagađenje okoline
la contaminación

groblje
el cementerio

crkva
la iglesia

igralište
el patio de juego

hram
el templo

pejsaž
el paisaje

list
la hoja

putokaz
la señal

put
el camino

livada
el prado

kamen
la piedra

drvo
el árbol

šetač
el excursionista

reka
el río

trava
la hierba

cvijet
la flor

dolina
el valle

planina
la colina

jezero
el lago

šuma
el bosque

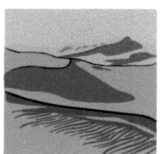

pustinja
el desierto

vulkan
el volcán

dvorac
el castillo

duga
el arcoíris

gljiva
el champiñón

palma
la palmera

moskito
el mosquito

muva
la mosca

mrav
la hormiga

pčela
la abeja

pauk
la araña

buba

el escarabajo

žaba

la rana

veverica

la ardilla

jež

el erizo

zec

la liebre

sova

la lechuza

ptica

el pájaro

labud

el cisne

divlja svinja

el jabalí

jelen

el ciervo

los

el alce

nasip

la presa

vetrenjača

la turbina eólica

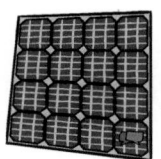

solarna ploča

el panel solar

klima

el clima

restoran
el restaurante

konobar
el camarero
jelovnik
el menú
stolica
la silla
supa
la sopa
pica
la pizza
pribor za jelo
la cubertería
stolnjak
el mantel

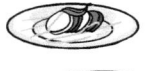

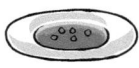

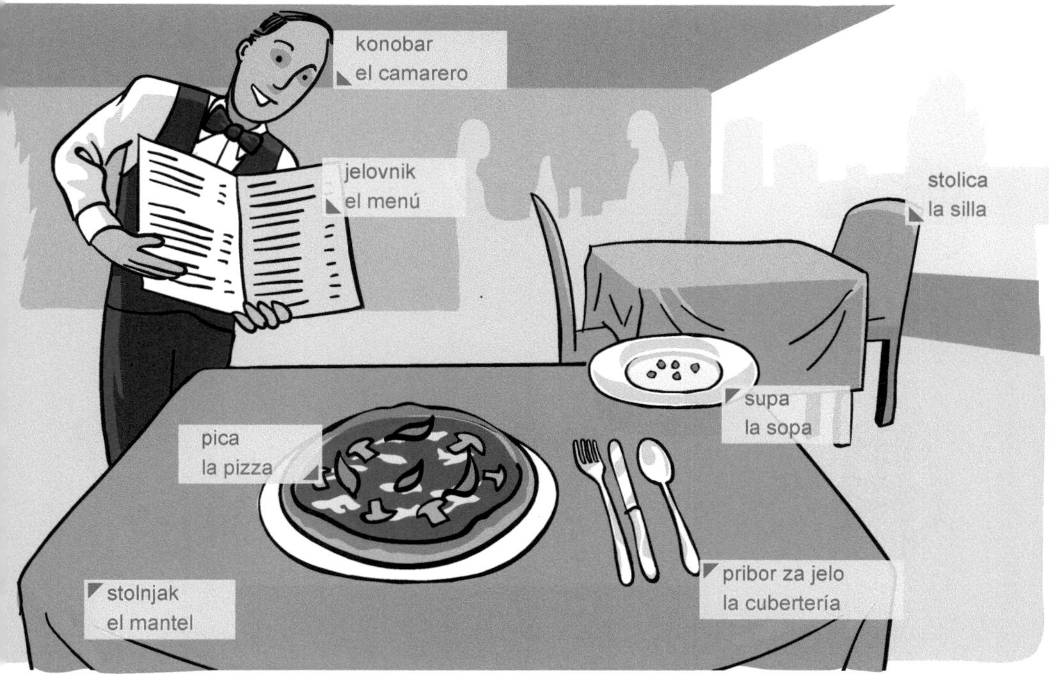

predjelo

el primer plato

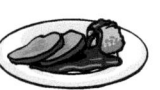

glavno jelo

el plato principal

desert

el postre

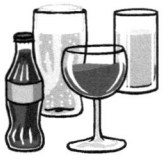

napitci

las bebidas

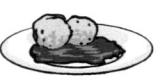

jelo

la comida

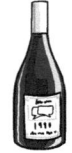

flaša

la botella

brza hrana

la comida rápida

imbis hrana

la comida callejera

čajnik

la tetera

doza za šećer

el azucarero

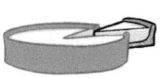

porcija

la porción

aparat za espresso

la cafetera expreso

visoka stolica

la trona

račun

la cuenta

poslužavnik

la bandeja

nož

el cuchillo

viljuška

el tenedor

kašika

la cuchara

čajna kašika

la cucharilla

salveta

la servilleta

čaša

el vaso

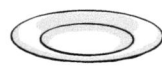

tanjir

el plato

tanjir za supu

el plato hondo

tanjirić

el platillo

sos

la salsa

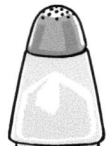

soljenka

el salero

mlin za biber

el molinillo de pimienta

sirće

el vinagre

ulje

el aceite

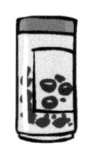

začini

las especias

kečap

el ketchup

senf

la mostaza

majoneza

la mayonesa

supermarket
el supermercado

ponuda
la oferta especial
FOR
kupac
el cliente
mlečni proizvodi
los lácteos
voće
la fruta
kolica za kupovinu
el carro de compra

BUTCHERS

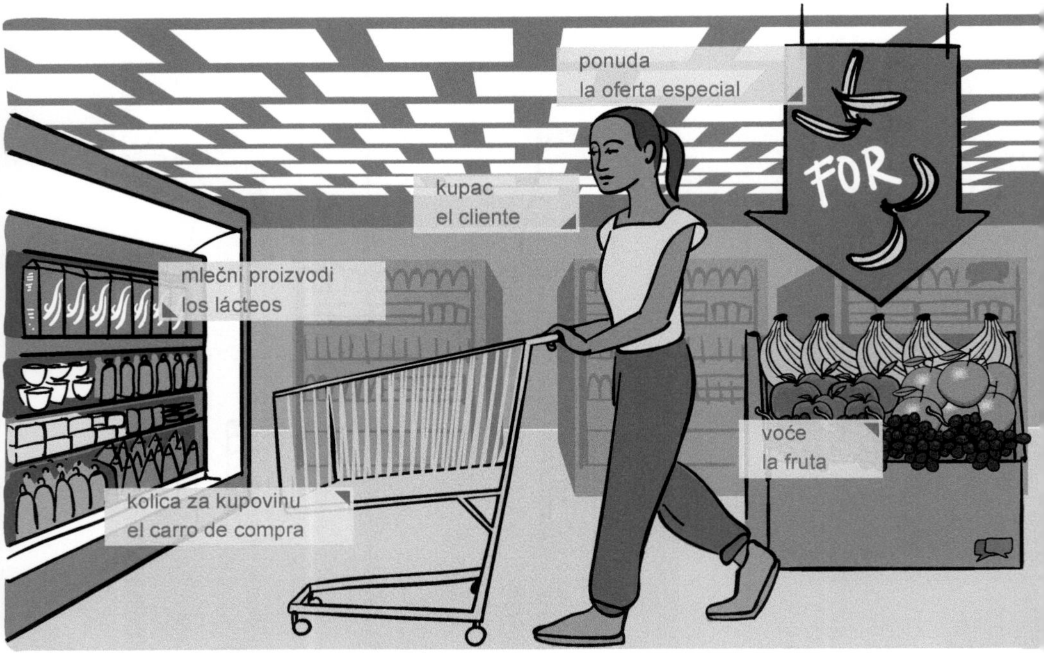

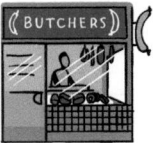

mesnica

la carniceria

BAKERY

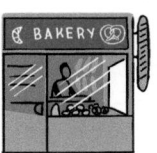

pekara

la panadería

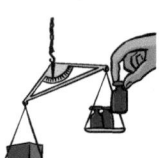

vagati

pesar

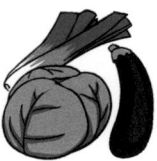

povrće

las verduras

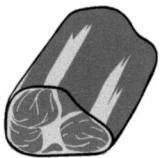

meso

la carne

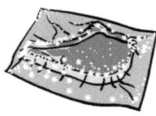

smrznuta hrana

los alimentos congelados

narezak

los fiambres

konzerve

las conservas

sredstvo za pranje

el detergente en polvo

slatkiši

los dulces

artikli za domaćinstvo

productos de uso doméstico

sredstva za čišćenje

productos de limpieza

prodavačica

la vendedora

blagajna

la caja de cartón

blagajnik

el cajero

lista za kupovinu

la lista de la compra

vreme rada

el horario de atención al público

novčanik

la cartera

kreditna kartica

la tarjeta de crédito

torba

la bolsa de plástico

plastična kesa

la bolsa de plástico

voda

el agua

sok

el zumo

mleko

la leche

kola

la cola

vino

el vino

pivo

la cerveza

alkohol

el alcohol

kakao

el cacao

čaj

el té

kava

el café

espresso

el expreso

cappuccino

el capuchino

banana

el plátano

jabuka

la manzana

narandža

la naranja

lubenica

el melón

limun

el limón

šargarepa

la zanahoria

beli luk

el ajo

bambus

el bambú

luk

la cebolla

gljiva

el champiñón

orašasti plodovi

las avellanas

rezanci

los fideos

špagete

las espagueti

riža

el arroz

salata

la ensalada

pomfrit

las patatas fritas

pečeni krumpir

las patatas fritas

pica

la pizza

hamburger

la hamburguesa

sendvič

el sándwich

šnicla

el filete

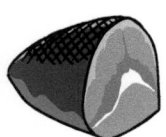

šunka

el jamón

salama

le salami

kobasica

la salchicha

kokoš

el pollo

pečenje

el asado

riba

el pescado

zobene pahuljice

los copos de avena

musli

el muesli

kukuruzne pahuljice

los copos de maíz

brašno

la harina

kroasan

el cruasán

pecivo

el panecillo

hleb

el pan

toast

la tostada

keksi

las galletas

maslac

la mantequilla

sveži sir

la cuajada

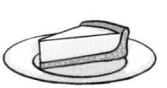

kolač

el pastel

jaje

el huevo

jaje na oko

el huevo frito

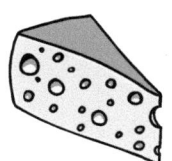

sir

el queso

sladoled
....
el helado

šećer
....
el azúcar

med
....
la miel

marmelada
....
la mermelada

nugat krema
....
la crema de turrón

kari
....
el curry

seosko gazdinstvo
la granja

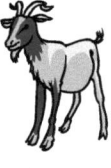

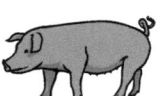

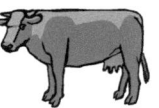

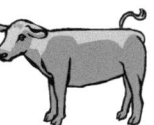

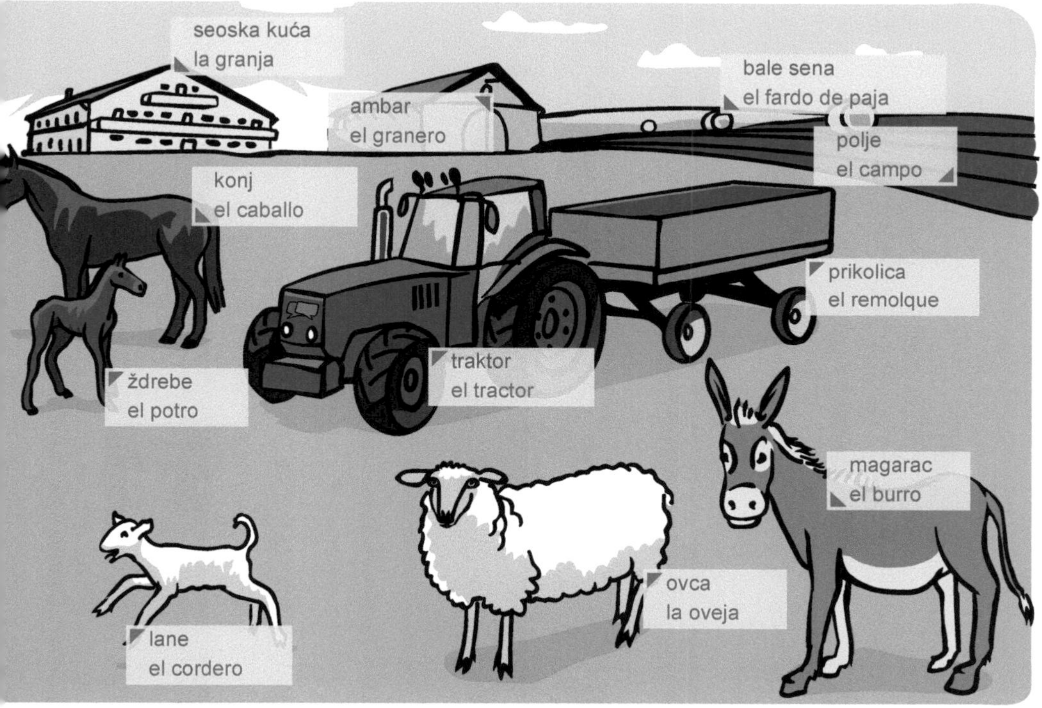

seoska kuća
la granja
ambar
el granero
bale sena
el fardo de paja
polje
el campo
konj
el caballo
prikolica
el remolque
ždrebe
el potro
traktor
el tractor
magarac
el burro
ovca
la oveja
lane
el cordero

koza

la cabra

krava

la vaca

tele

el ternero

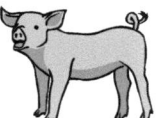

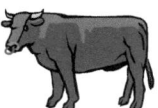

svinja

el cerdo

prase

el cerdito

bik

el toro

guska

el ganso

patka

el pato

pilići

el pollo

kokoš

la gallina

petao

el gallo

pacov

la rata

mačka

el gato

miš

el ratón

vol

el buey

pas

el perro

kućica za psa

la perrera

vrtno crevo

la manguera

kanta za polivanje

la regadera

kosa

la guadaña

plug

el arado

srp
la hoz

motika
la azada

viljuška za đubrivo
la horca

sekira
el hacha

tačke
la carretilla

korito
el abrevadero

posuda za mleko
la lechera

vreća
el saco

ograda
la valla

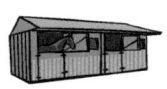

štala
el establo

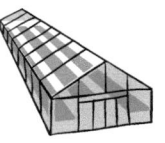

staklenik
el invernadero

zemlja
el suelo

seme
la semilla

đubrivo
el fertilizador

kombajn
la cosechadora

žeti
....
cosechar

žetva
....
la cosecha

jams začin
....
el ñame

pšenica
....
el trigo

soja
....
el soja

krumpir
....
la patata

kukuruz
....
el maíz

uljana repica
....
la semilla de colza

voćka
....
el árbol frutal

gomolj manioke
....
la mandioca

žitarice
....
las cereales

kuća
la casa

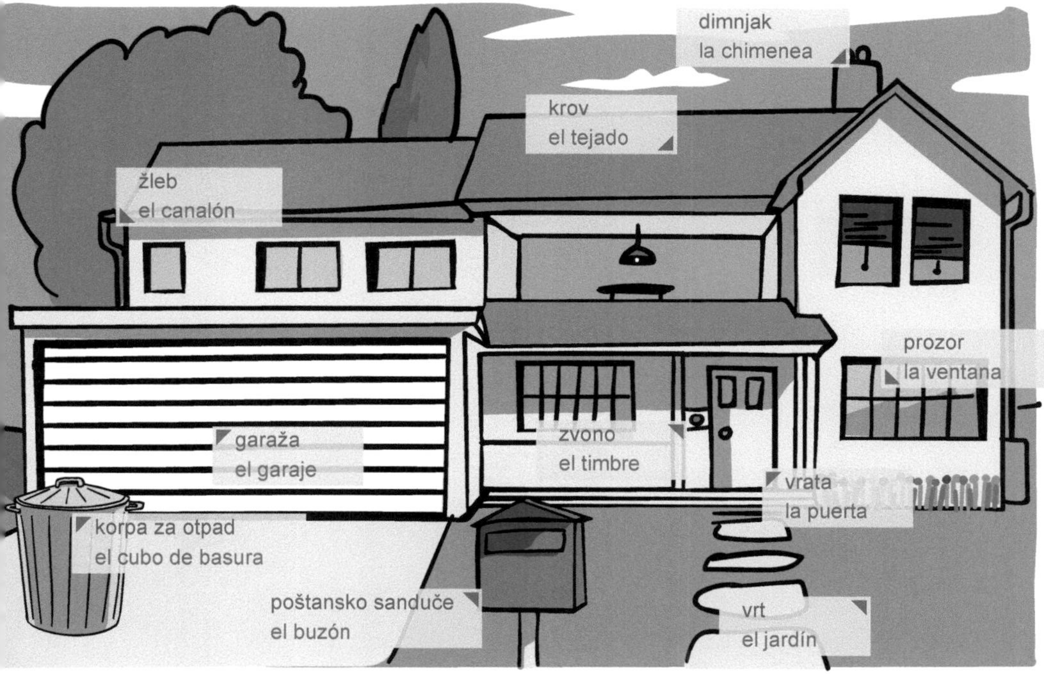
dimnjak
la chimenea
krov
el tejado
žleb
el canalón
prozor
la ventana
garaža
el garaje
zvono
el timbre
vrata
la puerta
korpa za otpad
el cubo de basura
poštansko sanduče
el buzón
vrt
el jardín

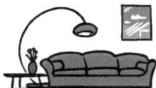

dnevna soba
la sala

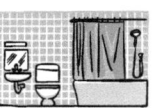

kupaonica
el cuarto de baño

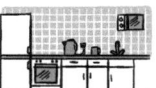

kuhinja
la cocina

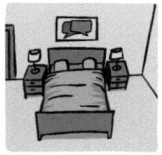

spavaća soba
el dormitorio

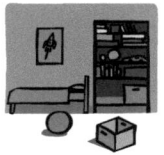

dečija soba
la habitación de los niños

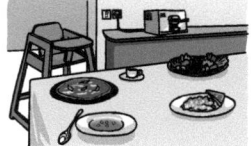

trpezarija
el comedor

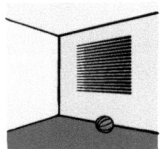

pod
....
el suelo

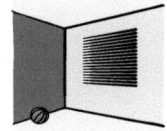

zid
....
la pared

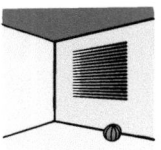

strop
....
el techo

podrum
....
el sótano

sauna
....
la sauna

balkon
....
el balcón

terasa
....
la terraza

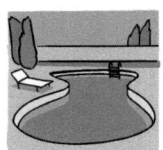

bazen
....
la piscina

kosilica za travu
....
el cortacésped

posteljina za krevet
....
la sábana

deka za krevet
....
la colcha

krevet
....
la cama

metla
....
la escoba

kanta
....
el balde

prekidač
....
el interruptor

dnevna soba
la sala

tapeta
el papel pintado
slika
la imagen
svetiljka
la lámpara
regal
el estante
ormar
el armario
televizija
la televisión
kamin
la chimenea
cvijet
la flor
jastuk
el cojín
kauč
el sofá
vaza
el jarrón
daljinski upravljač
el mando a distancia

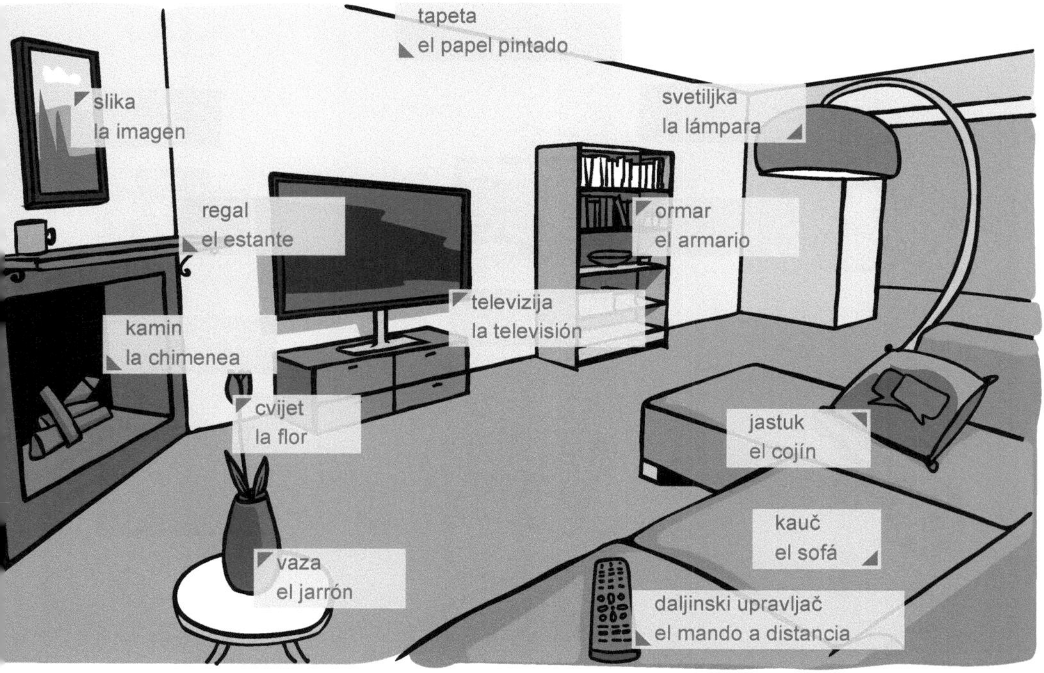

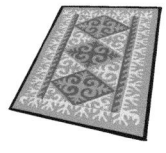

tepih
la alfombra

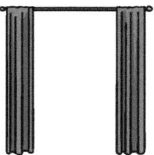

zavesa
la cortina

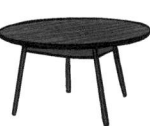

sto
la mesa

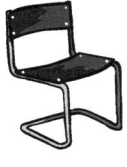

stolica
la silla

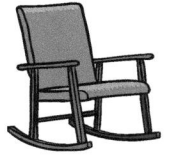

stolica za njihanje
el mecedora

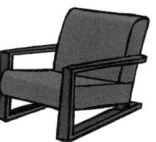

fotelja
la butaca

knjiga
el libro

deka
la manta

dekoracija
la decoración

drvo za ogrev
la leña

film
la película

hi-fi uređaj
el equipo de música

ključ
la llave

novine
el periódico

slika na platnu
la pintura

poster
el póster

radio
la radio

blok za pisanje
el cuaderno

usisivač
la aspiradora

kaktus
el cactus

sveća
la vela

kuhinja
la cocina

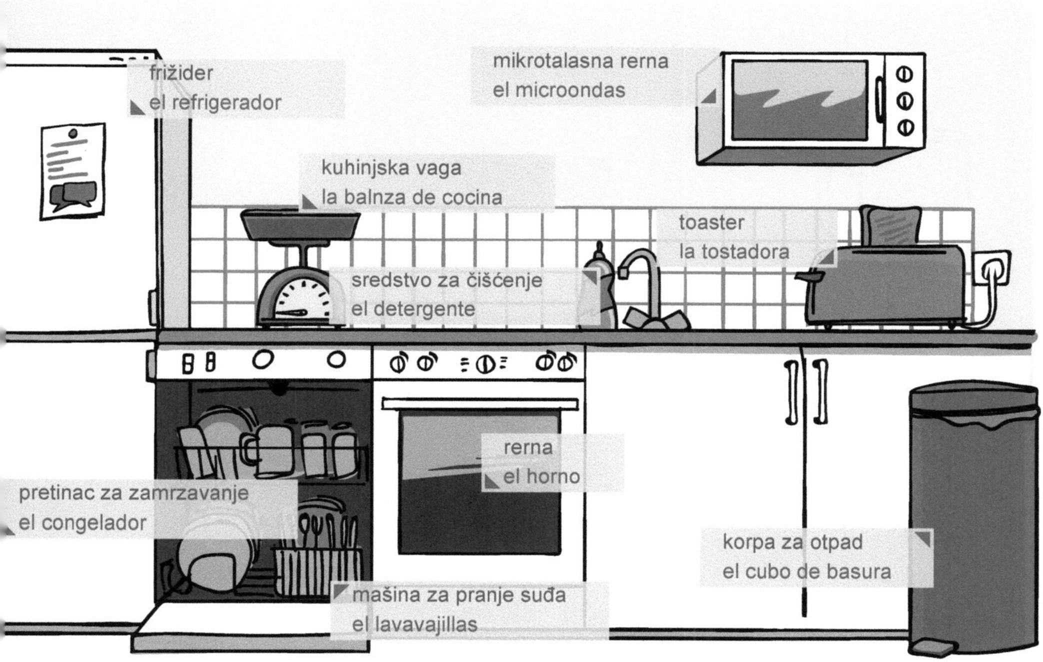
frižider
el refrigerador
mikrotalasna rerna
el microondas
kuhinjska vaga
la balnza de cocina
toaster
la tostadora
sredstvo za čišćenje
el detergente
rerna
el horno
pretinac za zamrzavanje
el congelador
korpa za otpad
el cubo de basura
mašina za pranje suđa
el lavavajillas

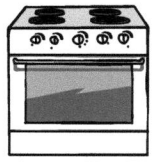

šporet

la olla a presión

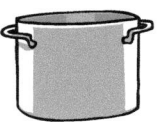

lonac

la olla

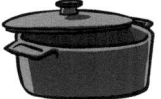

gvozdeni lonac

la olla de hierro fundido

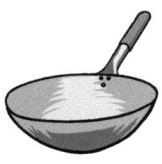

wok / kadai

el wok

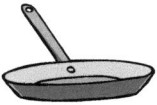

tava

la cazuela

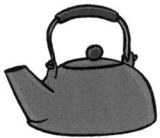

kuvalo za vodu

el hervidor

kuvalo na paru

la vaporera

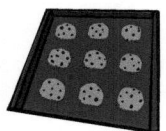

lim za pečenje

la chapa de horno

posuđe

la vajilla

čaša

la taza

posuda

el tazón

štapići za jelo

los palillos

kutlača

el cucharón

lopatica

la espumadera

penjača

el batidor

sito za kuvanje

el colador

sito

el cedazo

ribež

el rallador

mužar

el mortero

roštilj

la barbacoa

ognjište

la hoguera

daska

la tabla de picar

oklagija

el rodillo

vadičep

el sacacorchos

konzerva

la lata

otvarač konzervi

el abrelatas

krpa za lonac

el agarrador

sudoper

el lavabo

četka

el cepillo

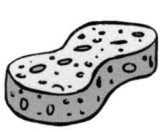

sunđer

la esponja

mikser

la batidora

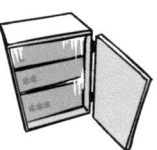

zamrzivač

el congelador

flašica za bebe

el biberón

slavina za vodu

el grifo

kupaonica

el cuarto de baño

grejanje
la calefacción
tuš
la ducha
peškir
la toalla
zavesa za tuš
la cortina de la ducha
penušava kupka
el baño de espuma
kada
la bañera
čaša
el vaso
mašina za pranje veša
la lavadora
slavina za vodu
el grifo
pločice
las baldosas
tuta
el orinal
sudoper
el lavabo

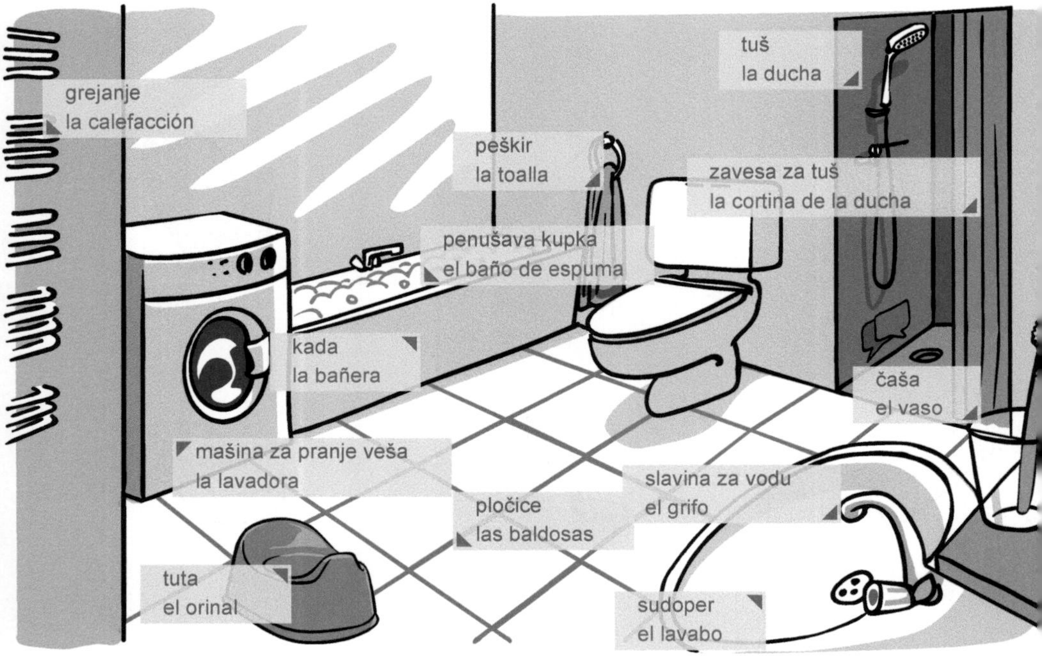

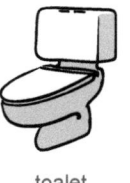

toalet

el inodoro

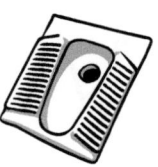

čučavac

el inodoro rústico

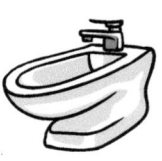

bidet

el bidé

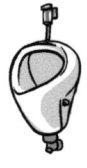

pisoar

el urinario

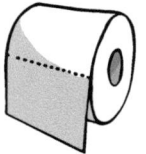

toaletni papir

el papel higiénico

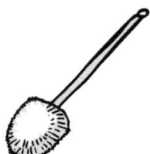

četka za toalet

la escobilla del váter

četkica za zube

el cepillo de dientes

pasta za zube

la pasta de dientes

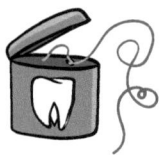

konac za zube

el hilo dental

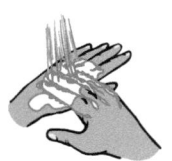

prati

lavar

tuš ručica

la ducha de mano

tuš za pranje intimnih delova

la ducha íntima

lavor

la pila

četka za pranje leđa

el cepillo de espalda

sapun

el jabón

gel za tuširanje

el gel de ducha

šampon

el champú

krpa za pranje

la toallita

odvod

el desagüe

krema

la crema

dezodorans

el desodorante

ogledalo

el espejo

kozmetičko ogledalo

el espejo de tocador

brijač

la maquinilla de afeitar

pena za brijanje

la espuma de afeitar

losion za posle brijanja

la loción postafeitado

češalj

el peine

četka

el cepillo

fen za kosu

el secador

sprej za kosu

la laca

makeup

el maquillaje

ruž za usne

el pintalabios

lak za nokte

el pintauñas

vata

el algodón

makaze za nokte

el cortauñas

parfem

el perfume

kozmetička torbica

el estuche de viaje

stolica

la banqueta

vaga

la balanza

ogrtač

el albornoz

rukavice za čišćenje

los guantes de goma

tampon

el tampón

uložak

la compresa

hemijski toalet

el inodoro químico

dečija soba

la habitación de los niños

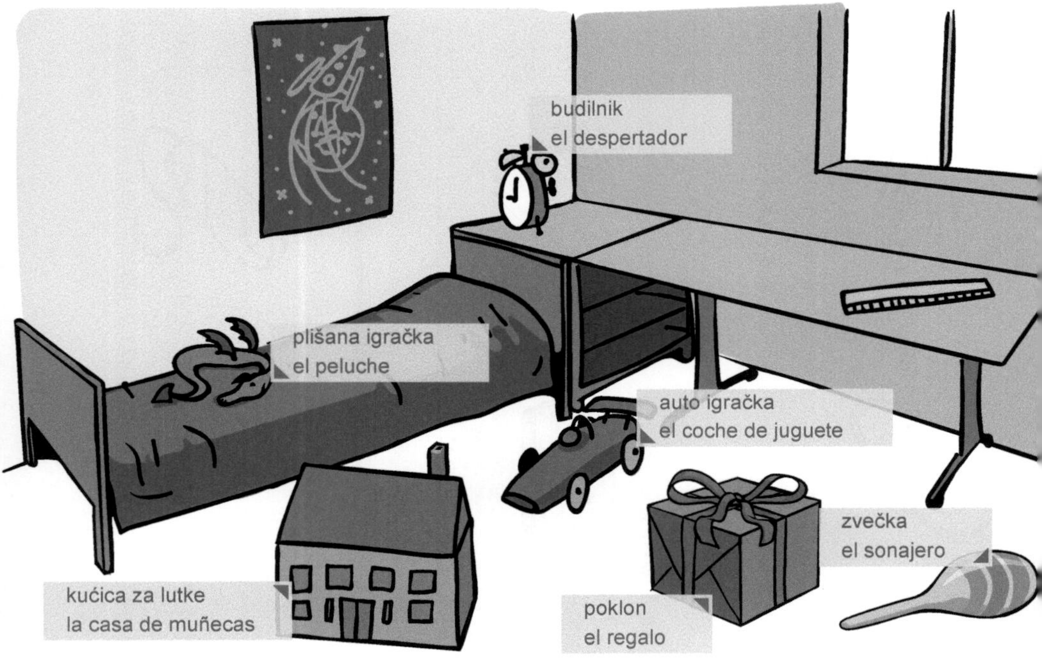
budilnik
el despertador
plišana igračka
el peluche
auto igračka
el coche de juguete
zvečka
el sonajero
kućica za lutke
la casa de muñecas
poklon
el regalo

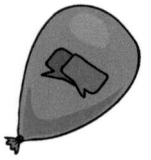

balon

el globo

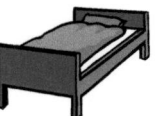

krevet

la cama

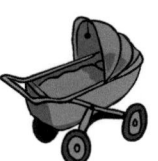

dječija kolica

el coche de niño

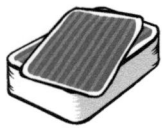

igra s kartama

los naipes

slagalica

el puzle

SUPER
MEGA

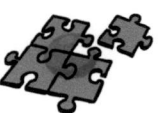

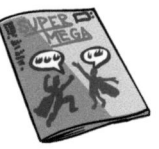

strip

el tebeo

lego kockice

las piezas de lego

kockice za slaganje

los bloques de juguete

akcioni junak

la figura de acción

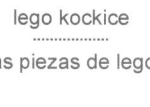

benkica za bebe

el bodi (de bebé)

frizbi

el frisbee

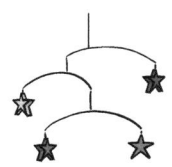

viseće igračke

el colgador móvil para
bebés

društvene igre

el juego de mesa

kocka

los dados

minijaturna željeznica

el circuito de tren eléctrico

duda

el maniquí

zabava

la fiesta

slikovnica

el álbum de fotos

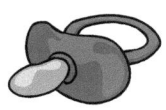

lopta

la pelota

lutka

la muñeca

igrati

jugar

pješčanik

el cajón de arena

ljuljačka

el columpio

igračka

los juguetes

konzola za igre

la videoconsola

tricikl

el triciclo

tedi

el oso de peluche

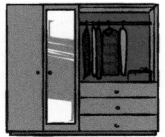

ormar

la guardarropa

odeća

la ropa

kratke čarape

los calcetines

čarape

las medias

hulahopke

los leotardos

šal
la bufanda

kišobran
el paraguas

kaiš
el cinturón

majica
la camiseta

čizme
las botas

papuče
las zapatillas

patike
las deportivas

sandale
las sandalias

cipele
los zapatos

gumene čizme
las botas de goma

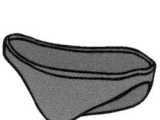

gaćice
el slip

grudnjak
el sostén

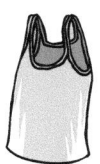

potkošulja
el chaleco

bodi
el bodi

pantalone
los pantalones cortos

farmerke
los vaqueros

suknja
la falda

bluza
la blusa

košulja
la camisa

džemper
el jersey

džemper s kapuljačom
el suéter

sako
el blazer

jakna
la chaqueta

kaput
el abrigo

kabanica
la gabardina

kostim
el traje

haljina
el vestido

venčanica
el vestido de novia

odelo

el traje

spavaćica

el camisón

pidžama

el pijama

sari

el sati

marama za glavu

el bandana

turban

el turbante

burka

la burka

kaftan

el caftán

abaja

la abaya

kupaći kostim

el traje de baño

kupaće gaćice

el bañador

kratke pantalone

los pantalones cortos

odeća za trening

el chándal

kecelja

el delantal

rukavice

los guantes

dugme

el botón

naočare

las gafas

narukvica

el brazalete

ogrlica

el collar

prsten

el anillo

naušnica

el pendiente

kapa

la gorra

vešalica

la percha

šešir

el sombrero

kravata

la corbata

patent zatvarač

la cremallera

kaciga

el casco

naramenice

los tirantes

školska uniforma

el uniforme

uniforma

el uniforme

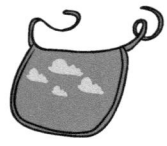

podbradak

el babero

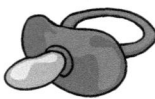

duda

el maniquí

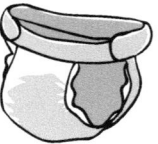

pelena

el pañal

kancelarija
la oficina

server
el servidor
ormar za spise
el archivo
štampač
la impresora
papir
el papel
monitor
el monitor
miš
el ratón
pisaći stol
el escritoria
mapa
la carpeta
tastatura
el teclado
košara za papir
la papelera
kompjuter
el ordenador
stolica
la silla

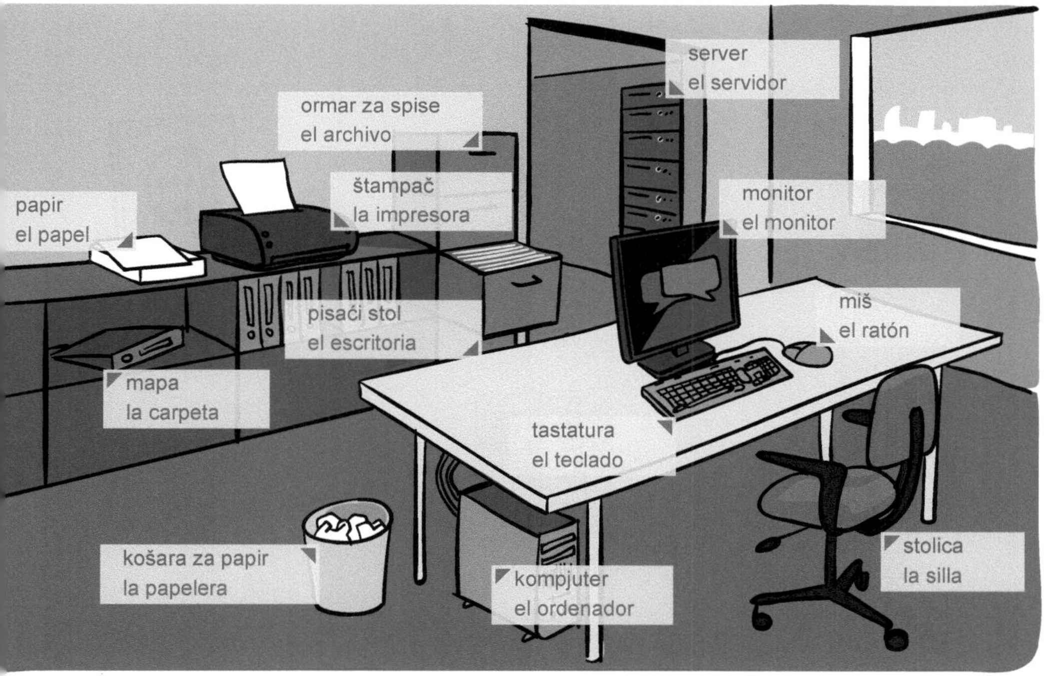

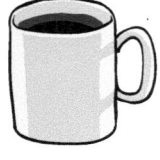

šalica za kavu

la taza de café

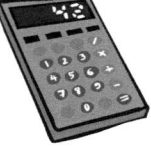

kalkulator

la calculadora

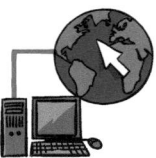

internet

el internet

laptop

el portátil

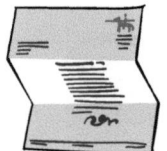

pismo

la carta

poruka

el mensaje

mobilni telefon

el móvil

mreža

la red

uređaj za kopiranje

la fotocopiadora

softver

el software

telefon

el teléfono

utičnica

la toma de corriente

faks

el fax

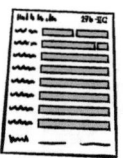

formular

el formulario

dokument

el documento

kupovati

comprar

platiti

pagar

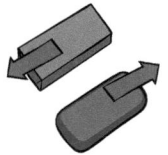

trgovati

comerciar

novac

el dinero

dolar

el dólar

evro

el euro

jen

el yen

rublja

el rublo

švajcarski franak

el franco suizo

renmindbi juan

el renminbi yuan

rupija

la rupia

automat za novac

el cajero automático

menjačnica

la oficina de cambio de divisas

zlato

el oro

srebro

la plata

nafta

el petróleo

energija

la energía

cena

el precio

ugovor

el contrato

porez

el impuesto

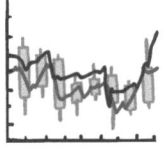

deonica

la acción

raditi

trabajar

službenik

el empleador

poslodavac

el empleador

fabrika

la fábrica

prodavnica

la tienda de campaña

zanimanja
los oficios

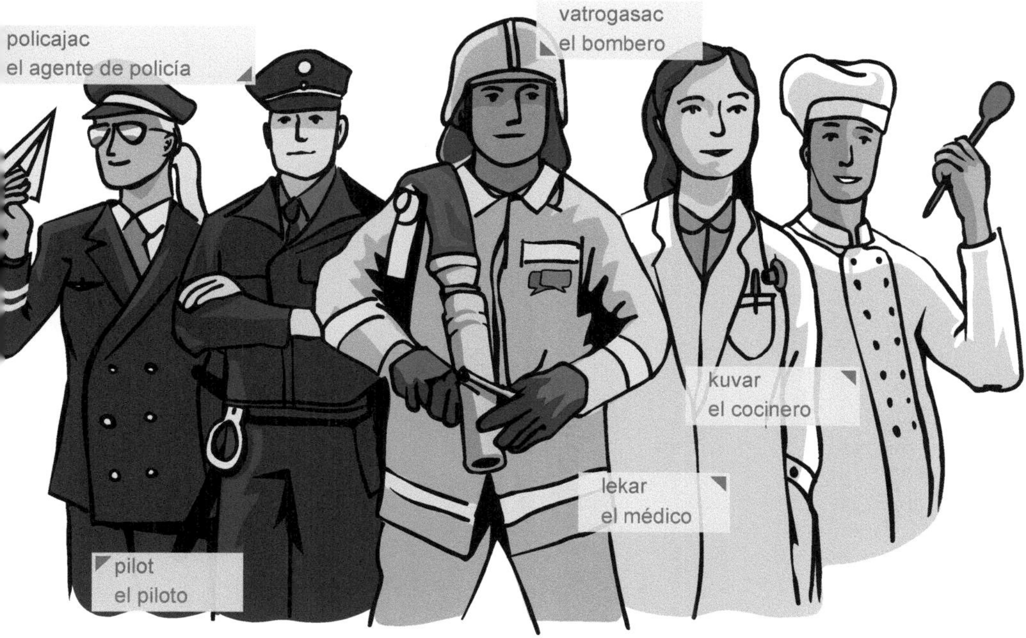

policajac
el agente de policía
vatrogasac
el bombero
kuvar
el cocinero
lekar
el médico
pilot
el piloto

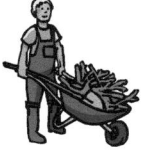

vrtlar

el jardinero

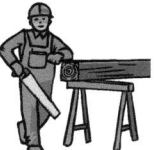

stolar

el carpintero

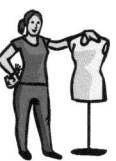

krojačica

la costurera

sudija

el juez

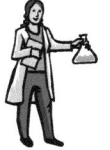

hemičar

el farmacéutico

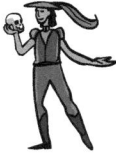

glumac

el actor

vozač autobusa

el conductor de autobús

vozač taksija

el taxista

ribar

el pescador

čistačica

la señora de la limpieza

krovopokrivač

el techador

konobar

el camarero

lovac

el cazador

slikar

el pintor

pekar

el panadero

električar

el electricista

građevinski radnik

el obrero

inženjer

el ingeniero

mesar

el carnicero

limar

el fontanero

poštar

el cartero

zanimanja - los oficios

vojnik

el soldado

arhitekta

el arquitecto

blagajnik

el cajero

cvećar

el florista

frizer

el peluquero

kondukter

el revisor

mehaničar

el mecánico

kapetan

el capitán

zubar

el dentista

naučnik

el científico

rabi

el rabino

imam

el imán

monah

el monje

svećenik

el sacerdote

alati

las herramientas

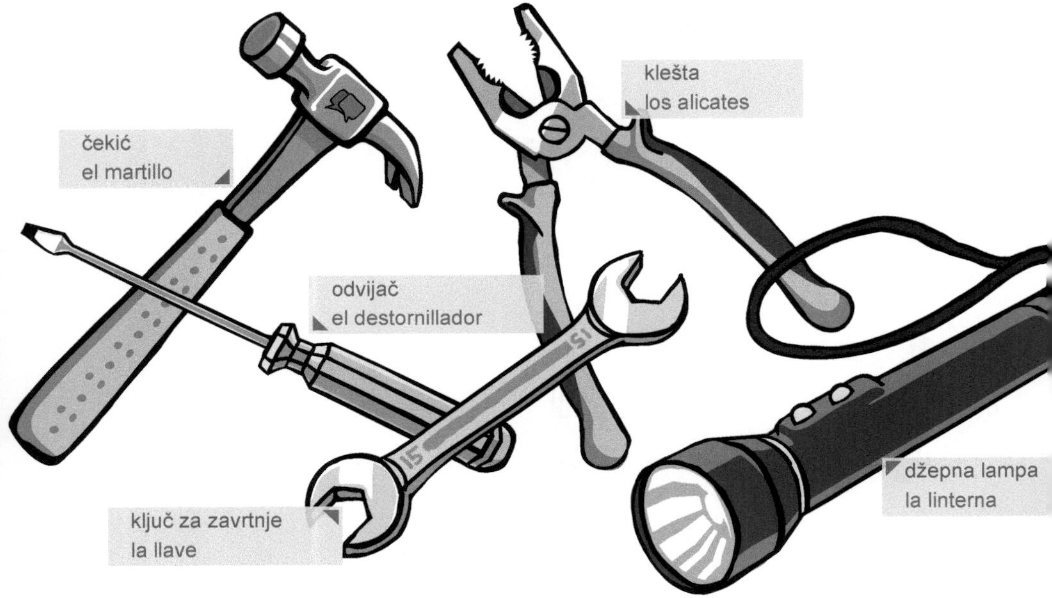

klešta
los alicates
čekić
el martillo
odvijač
el destornillador
džepna lampa
la linterna
ključ za zavrtnje
la llave

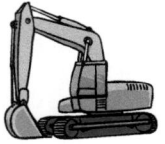

bager

la excavadora

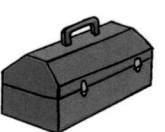

kutija za alat

la caja de herramientas

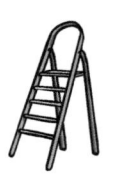

merdevine

la escalera de mano

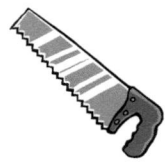

pila

la sierra

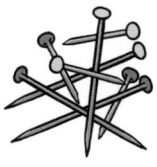

ekser

los clavos

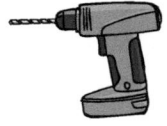

bušilica

el taladro

popraviti
reparar

lopata
la pala

do đavola!
¡Maldita sea!

lopatica
el recogedor

lonac za boju
el bote de pintura

zavrtanji
los tornillos

muzički instrument
los instrumentos musicales

zvučnik
el altavoz

bubnjevi
la batería

gitara
la guitarra

kontrabas
el contrabajo

truba
la trompeta

klavir

el piano

violina

el violín

bas

bajo

timpani

los timbales

udaraljke za bubnjeve

el tambor

tipke klavira

el teclado

saksofon

el saxofón

flauta

la flauta

mikrofon

el micrófono

zoološki vrt
el zoo

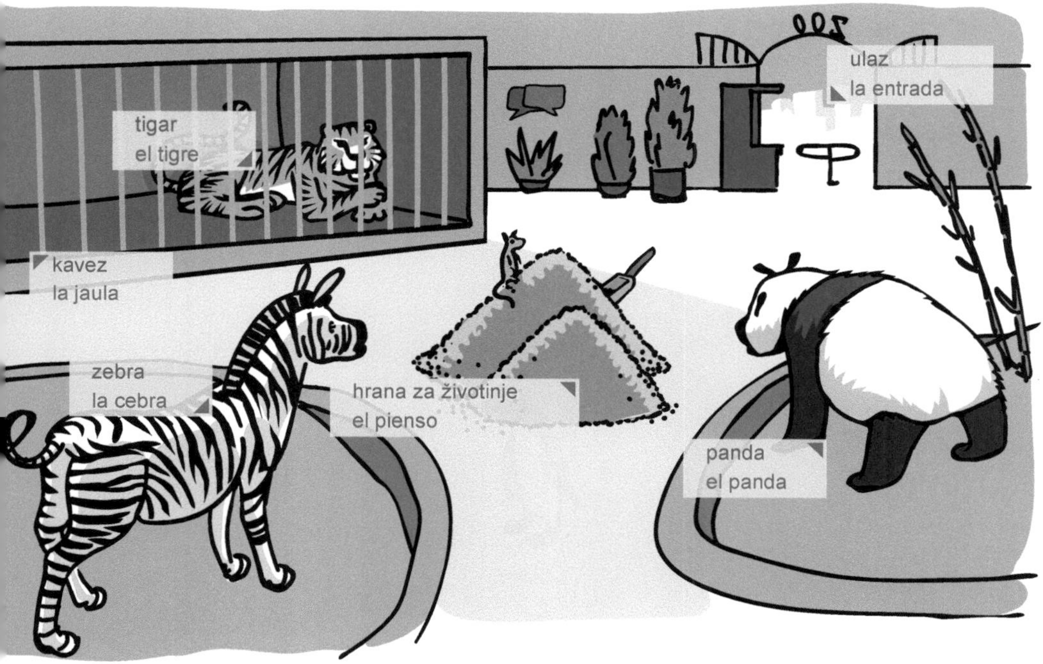
ulaz
la entrada
tigar
el tigre
kavez
la jaula
zebra
la cebra
hrana za životinje
el pienso
panda
el panda

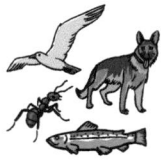

životinje

los animales

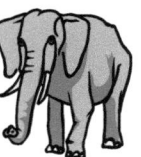

slon

el elefante

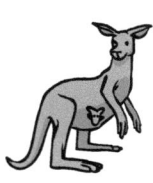

kengur

el canguro

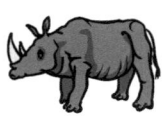

nosorog

el rinoceronte

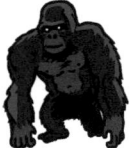

gorila

el gorila

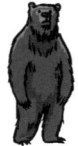

medved

el oso

kamila
el camello

noj
el avestruz

lav
el león

majmun
el mono

flamingo
el flamingo

papagaj
el loro

polarni medved
el oso polar

pingvin
el pingüino

ajkula
el tiburón

paun
el pavo real

zmija
la serpiente

krokodil
el cocodrilo

čuvar u zoološkom vrtu
el guardián de zoológico

tuljan
la foca

jaguar
el jaguar

poni
el poni

leopard
el leopardo

nilski konj
el hipopótamo

žirafa
la jirafa

orao
el águila

divlja svinja
el jabalí

riba
el pescado

kornjača
la tortuga

morž
la morsa

lisica
el zorro

gazela
la gacela

americki nogomet
el fútbol americano

biciklizam
el ciclismo

tenis
el tenis

košarka
el baloncesto

plivanje
la natación

boks
el boxeo

hokej na ledu
el hockey sobre hielo

fudbal
el fútbol

badminton
el bádminton

atletika
el atletismo

rukomet
el balonmano

skijanje
el esquí

polo
el polo

aktivnosti
las actividades

skočiti
saltar
zagrliti
abrazar
smejati se
reír
ići
caminar
pevati
cantar
sanjati
soñar
moliti se
rezar
poljubiti
besar

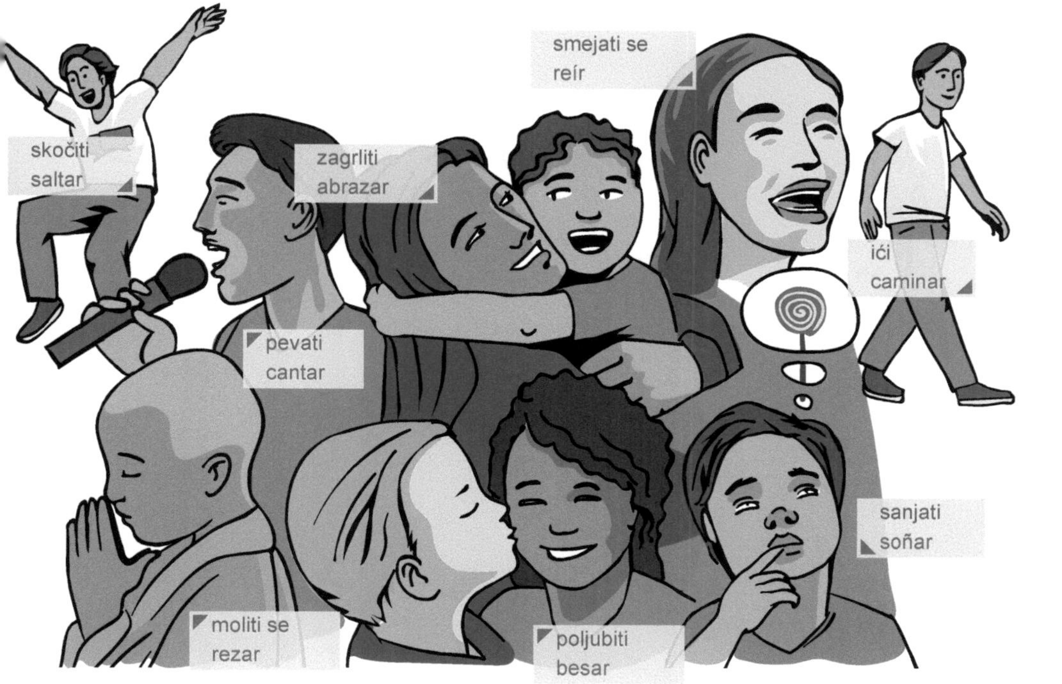

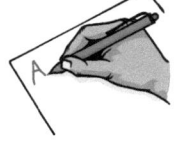

pisati

escribir

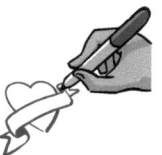

crtati

dibujar

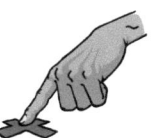

pokazati

mostrar

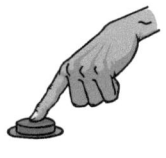

gurati

empujar

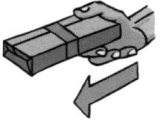

dati

dar

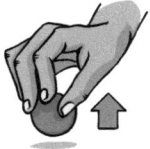

uzeti

tomar

imati
tener

činiti
hacer

biti
ser

stojati
estar de pie

trčati
correr

povlačiti
tirar

baciti
tirar

padati
caer

ležati
yacer

čekati
esperar

nositi
llevar

sediti
estar sentado

oblačiti
vestirse

spavati
dormir

probuditi se
despertar

gledati
mirar

plakati
llorar

milovati
acariciar

češljati
peinar

govoriti
hablar

razumeti
entender

pitati
preguntar

slušati
escuchar

piti
beber

jesti
comer

pospremiti
ordenar

voleti
amar

kuhati
cocinar

voziti
conducir

leteti
volar

ploviti

navegar

računati

calcular

čitati

leer

učiti

aprender

raditi

trabajar

venčati se

casarse

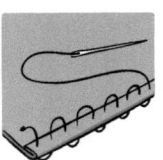

šiti

coser

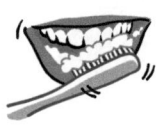

prati zube

cepillarse los dientes

ubiti

matar

pušiti

fumar

poslati

enviar

porodica
la familia

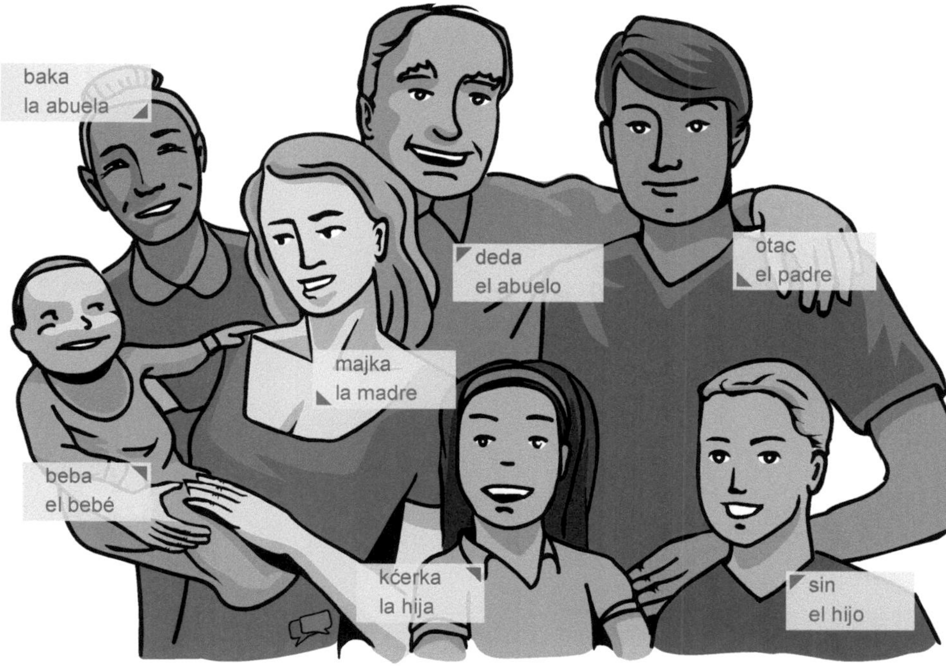
baka
la abuela
deda
el abuelo
otac
el padre
majka
la madre
beba
el bebé
kćerka
la hija
sin
el hijo

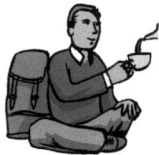

gost
el invitado

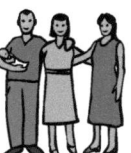

tetka
la tía

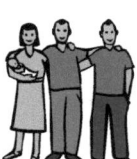

ujak, stric
el tío

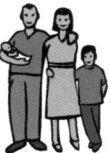

brat
el hermano

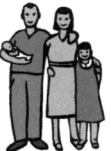

sestra
la hermana

telo

el cuerpo

čelo
la frente
oko
el ojo
rame
el hombro
prst
el dedo
lice
la cara
brada
la barbilla
ruka
la mano
noga
la pierna
grudi
el pecho
ruka
el brazo

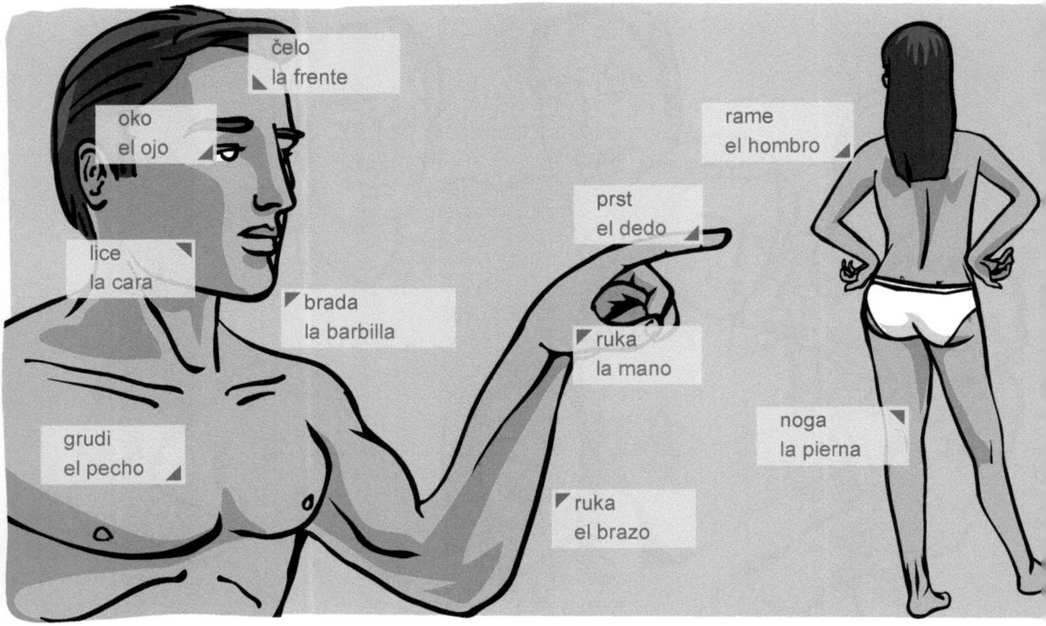

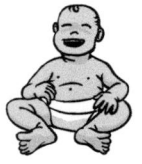

beba

el bebé

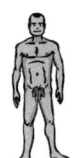

muškarac

el hombre

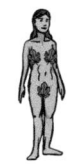

žena

la mujer

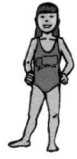

devojčica

la chica

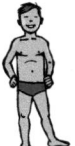

dečak

el chico

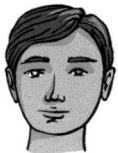

glava

la cabeza

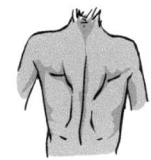

leđa
la espalda

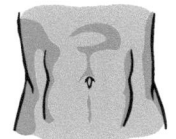

stomak
el vientre

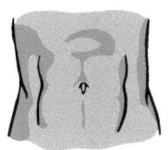

pupak
el ombligo

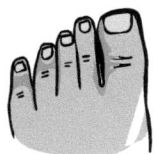

nožni prst
el dedo del pie

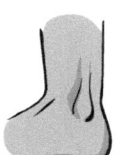

peta
el talón

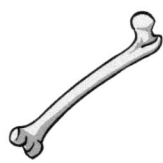

kost
el hueso

kukovi
la cadera

koleno
la rodilla

lakat
el codo

nos
la nariz

zadnjica
el trasero

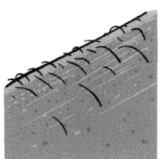

koža
la piel

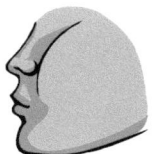

obraz
la mejilla

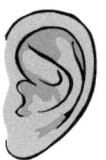

uvo
el oído

usna
el labio

usta

la boca

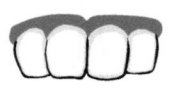

zub

el diente

jezik

la lengua

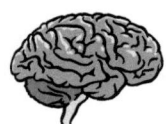

mozak

el cerebro

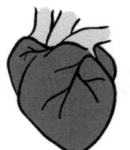

srce

el corazón

mišić

el músculo

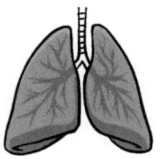

pluća

el pulmón

jetra

el hígado

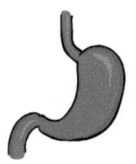

želudac

el estómago

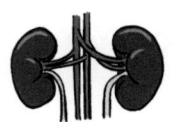

bubrezi

los riñones

polni odnos

el sexo

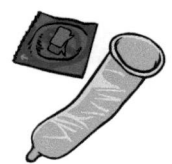

kondom

el condón

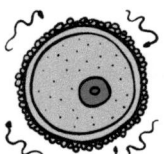

jajna ćelija

el ovario

sperma

el semen

trudnoća

el embarazo

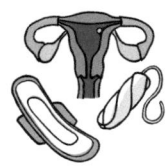

menstruacija

la menstruación

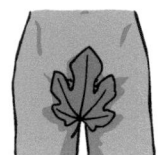

vagina

la vagina

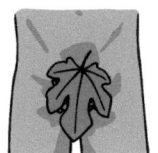

penis

el pene

obrva

la ceja

kosa

el pelo

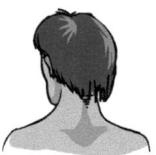

vrat

el cuello

bolnica
el hospital

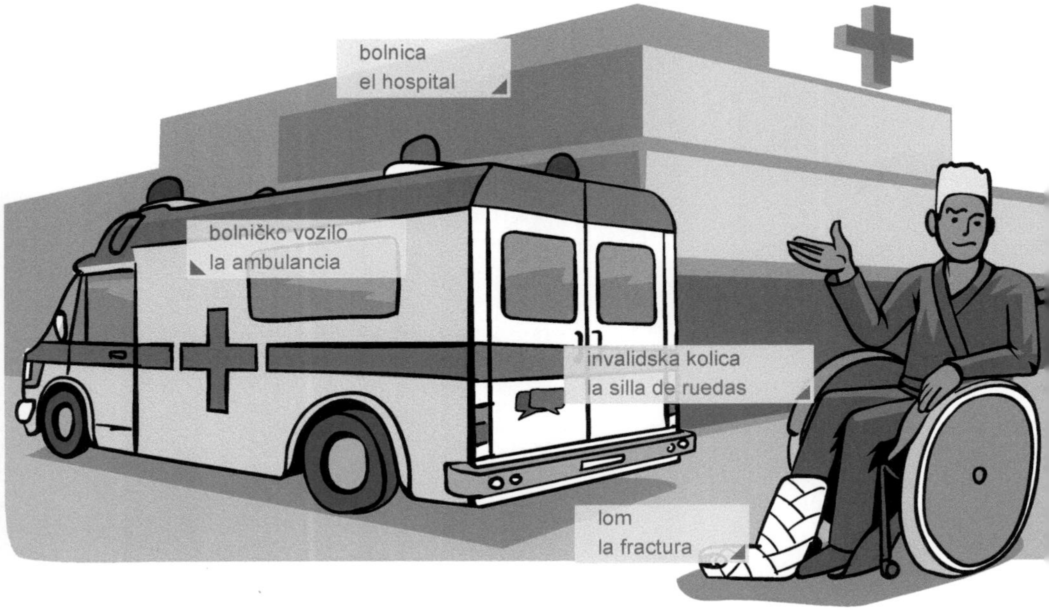

bolnica
el hospital
bolničko vozilo
la ambulancia
invalidska kolica
la silla de ruedas
lom
la fractura

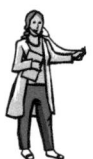

lekar

el médico

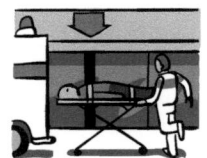

hitna medicinska služba

la sala de urgencias

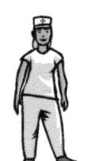

medicinska sestra

la enfermera

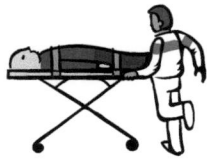

hitni slučaj

la urgencia

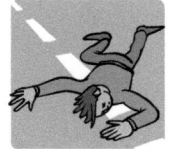

nesvest

inconsciente

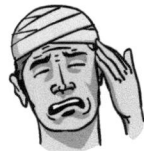

bol

el dolor

povreda
la lesión

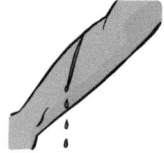

krvarenje
la hemorragia

srčani udar
el infarto

udar
el ictus

alergija
la alergia

kašalj
la tos

groznica
la fiebre

gripa
la gripe

proliv
la diarrea

glavobolja
el dolor de cabeza

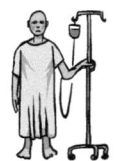

rak
el cáncer

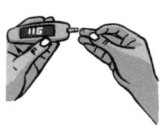

dijabetes
la diabetes

hirurg
el cirujano

skalpel
el bisturí

operacija
la operación

ct
....
TAC

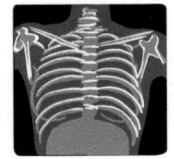

rentgen
....
los rayos x

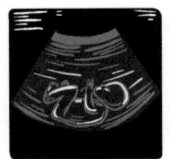

ultrazvuk
....
el ultrasonido

maska
....
la mascarilla

bolest
....
la enfermedad

čekaona
....
la sala de espera

štaka
....
la muleta

flaster
....
la tirita

zavoj
....
la venda

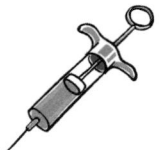

injekcija
....
la inyección

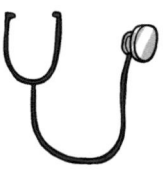

stetoskop
....
el estetoscopio

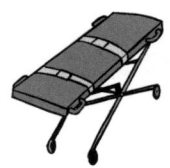

nosila
....
la camilla

termometar
....
el termómetro

rođenje
....
el nacimiento

prekomerna težina
....
el sobrepeso

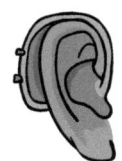

slušni aparat

el audífono

sredstvo za dezinfekciju

el desinfectante

infekcija

la infección

virus

el virus

HIV / AIDS

VIH / SIDA

medicina

la medicina

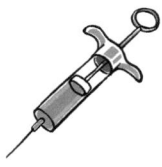

vakcinacija

la vacunación

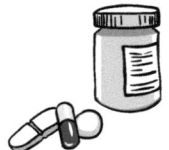

tablete

las tabletas

pilula

la pastilla

hitni poziv

la llamada de urgencia

uređaj za merenje pritiska

el tensiómetro

bolesno / zdravo

enfermo / sano

pomoć!

¡Socorro!

alarm

la alarma

nasrtaj

el asalto

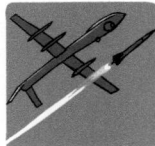

napad

el ataque

opasnost

el peligro

izlaz u slučaju nužde

la salida de emergencia

požar!

¡Fuego!

protivpožarni aparat

el extintor de incendios

nezgoda

el accidente

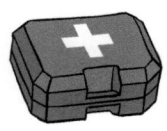

kutija prve pomoći

el botiquín de primeros auxilios

sos

SOS

policija

la policía

Evropa

Europa

Severna Amerika

Norteamérica

Južna Amerika

Sudamérica

Afrika

África

Azija

Asia

Australija

Australia

Atlantik

el atlántico

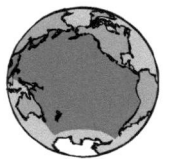

Pacifik

el Pacífico

Indijski okean

el Océano Índico

Antarktički okean

el Océano Antártico

Arktički ocean

el Océano Ártico

Severni pol

el polo norte

Južni pol

el polo sur

Antarktik

La Antártida

zemlja

la tierra

zemlja

la tierra

more

el mar

otok

la isla

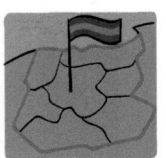

nacija

la nación

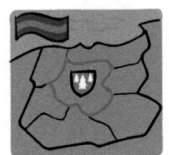

država

el estado

brojčanik sata

la esfera

satna kazaljka

la manecilla de las horas

minutna kazaljka

el minutero

sekundna kazaljka

el segundero

Koliko je sati?

¿Qué hora es?

dan

el día

vreme

el tiempo

sada

ahora

digitalni sat

el reloj digital

minuta

el minuto

čas

la hora

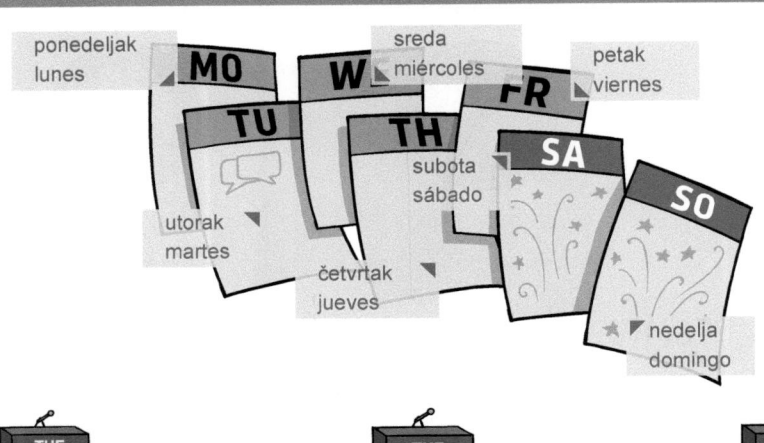

ponedeljak
lunes

sreda
miércoles

petak
viernes

utorak
martes

subota
sábado

četvrtak
jueves

nedelja
domingo

juče
....
ayer

danas
....
hoy

sutra
....
mañana

jutro
....
la mañana

podne
....
el mediodía

veče
....
la tarde

MO	TU	WE	TH	FR	SA	SU
1	2	3	4	5	6	7
8	9	10	11	12	13	14
15	16	17	18	19	20	21
22	23	24	25	26	27	28
29	30	31	1	2	3	4

radni dani
....
los días laborables

MO	TU	WE	TH	FR	SA	SU
1	2	3	4	5	6	7
8	9	10	11	12	13	14
15	16	17	18	19	20	21
22	23	24	25	26	27	28
29	30	31	1	2	3	4

vikend
....
el fin de semana

godina
el año

kiša
la lluvia
duga
el arcoíris
sneg
la nieve
vetar
el viento
proleće
la primavera
jesen
el otoño
leto
el verano
zima
el invierno

4.APRIL 11°
5.APRIL 4°
6.APRIL 13°
7.APRIL 8°
8.APRIL 10°

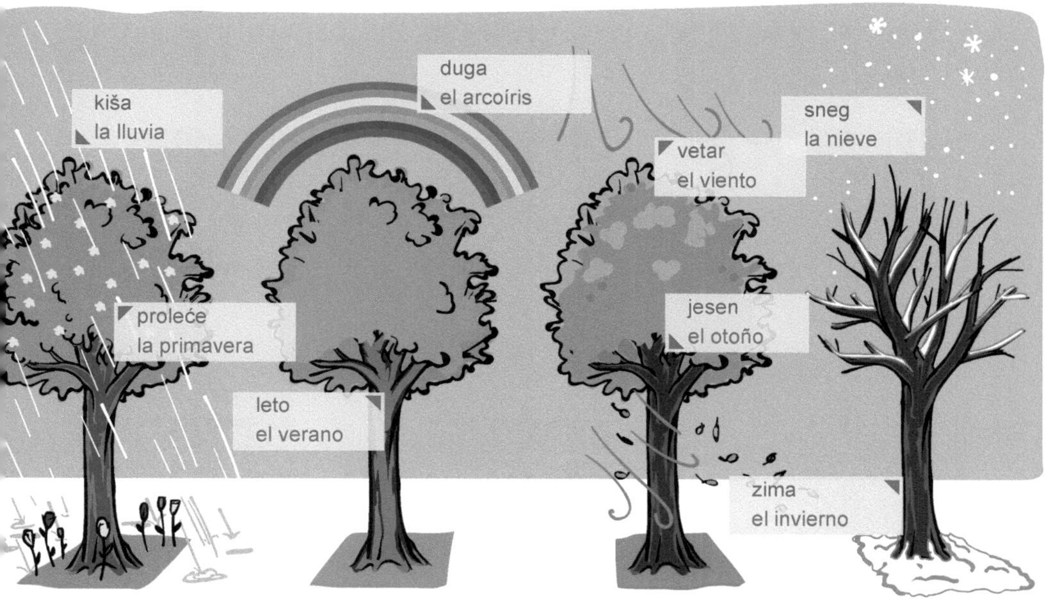

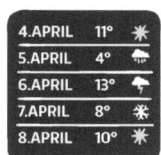

meteorološka prognoza

el pronóstico del tiempo

F
C
120
90
60
30
0
-30
40
30
20
10
0
-10
-20

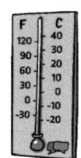

termometar

el termómetro

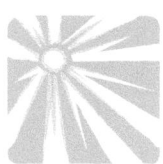

sunčana svetlost

el sol

oblak

la nube

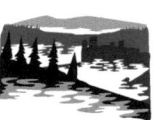

magla

la niebla

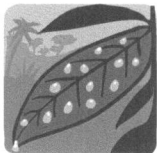

vlažnost vazduha

la humedad

munja

el rayo

grmljavina

el trueno

oluja

la tormenta

tuča

el granizo

monsun

el monzón

poplava

la inundación

led

el hielo

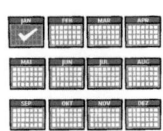

januar

enero

februar

febrero

mart

marzo

april

abril

maj

mayo

juni

junio

juli

julio

avgust

agosto

septembar
....
septiembre

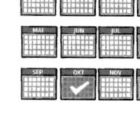

oktobar
....
octubre

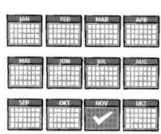

novembar
....
noviembre

decembar
....
diciembre

las formas

krug
....
el círculo

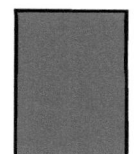

kvadrat
....
el cuadrado

pravougao
....
el rectángulo

trougao
....
el triángulo

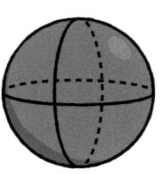

kugla
....
la esfera

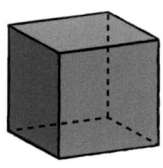

kocka
....
el cubo

bela
....
blanco

žuta
....
amarillo

narandžasta
....
anaranjado

ružičasta
....
rosa

crvena
....
rojo

ljubičasta
....
morado

plava
....
azul

zelena
....
verde

smeđa
....
marrón

siva
....
gris

crna
....
negro

mnogo / malo
mucho / poco

ljutito / mirno
enojado / tranquilo

lepo / ružno
bonito / feo

početak / kraj
principio / fin

veliko / maleno
grande / pequeño

svetlo / tamno
claro / oscuro

brat / sestra
el hermano / la hermana

čisto / prljavo
limpio / sucio

potpuno / nepotpuno
completo / incompleto

dan / noć
el día / la noche

mrtvo / živo
muerto / vivo

široko / usko
ancho / estrecho

jestivo / nejestivo

comestible / no comestible

zlo / dobro

malo / amable

uzbuđeno / dosadno

entusiasmado / aburrido

debelo / mršavo

gordo / delgado

na početku / na kraju

primero / último

prijatelj / neprijatelj

el amigo / el enemigo

puno / prazno

lleno / vacío

tvrdo / mekano

duro / blando

teško / lagano

pesado / ligero

glad / žeđ

el hambre / la sed

bolesno / zdravo

enfermo / sano

ilegalno / legalno

ilegal / legal

pametno / glupo

inteligente / tonto

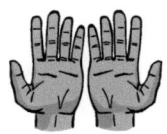

levo / desno

izquierda / derecha

blizu / daleko

cerca / lejos

novo / polovno

nuevo / usado

ništa / nešto

nada / algo

staro / mlado

viejo / joven

uključeno / isključeno

encendido / apagado

otvoreno / zatvoreno

abierto / cerrado

tiho / glasno

silencioso / ruidoso

bogato / siromašno

rico / pobre

tačno / pogrešno

correcto / incorrecto

hrapavo / glatko

áspero / suave

tužno / sretno

triste / contento

kratko / dugo

corto / largo

polako / brzo

lento / rápido

mokro / suho

húmedo / seco

toplo / hladno

cálido / frío

rat / mir

guerra / paz

0
nula
cero

1
jedan
uno

2
dva
dos

3
tri
tres

4
četiri
cuatro

5
pet
cinco

6
šest
seis

7
sedam
siete

8
osam
ocho

9
devet
nueve

10
deset
diez

11
jedanaest
once

12

dvanaest

doce

13

trinaest

trece

14

četrnaest

catorce

15

petnaest

quince

16

šestnaest

dieciséis

17

sedamnaest

diecisiete

18

osamnaest

dieciocho

19

devetnaest

diecinueve

20

dvadeset

veinte

100

stotinu

cien

1.000

hiljadu

mil

1.000.000

milion

el millón

engleski

el inglés

američki engleski

el inglés americano

mandarinski kineski

el chino madarín

hindski

el hindi

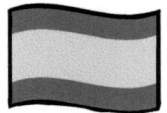

španski

el español

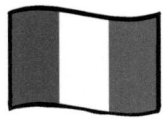

francuski

el francés

arapski

el árabe

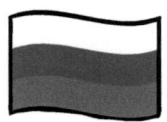

ruski

el ruso

portugalski

el portugués

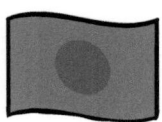

bengalski

el bengalí

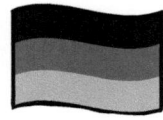

nemački

el alemán

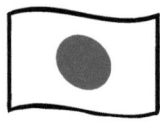

japanski

el japonés

ja
----
yo

ti
----
tú

on / ona / ono
él / ella / ello

mi
----
nosotros/as

vi
----
vosotros/as

oni
----
ellos/as

Ko?

¿quién?

Šta?

¿qué?

Kako?

¿cómo?

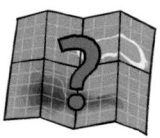

Gde?

¿dónde?

Kada?

¿cuándo?

ime
----
el nombre

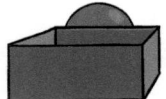

iza
....
detrás

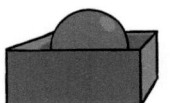

u
....
en

ispred
....
delante de

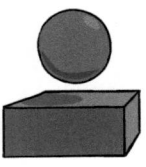

preko
....
por encima de

na
....
sobre

ispod
....
debajo de

pored
....
junto a

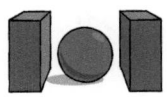

između
....
entre

mesto
....
el lugar